Viver em Oração

Dados Internacionais de Catalogação na Publicação (CIP)
(Câmara Brasileira do Livro, SP, Brasil)

Kirvan, John
 Viver em oração : momentos diários com Deus / São Francisco de Sales ; editado por John Kirvan ; prefácio de Caroline Myss ; tradução de Daniela Barbosa Henriques. – Petrópolis, RJ : Vozes, 2017.

 Título original: Set your heart free.
 ISBN: 978-85-326-5448-9

 1. Igreja Católica - Orações e devoções 2. Meditações I. Francisco, de Sales, Santo, 1567- 1622 II. Myss, Caroline. III. Título.

17-02574 CDD-242

Índices para catálogo sistemático:
1. Devoções diárias : Cristianismo 242

São Francisco de Sales

EDITADO POR: John Kirvan

Viver em Oração

Momentos diários
com Deus

Tradução:
Daniela Barbosa Henriques

EDITORA
VOZES

Petrópolis

© 1997, 2008 Quest Associates.

Título original em inglês: Set Your Heart Free

Direitos de publicação em língua portuguesa:
2017, Editora Vozes Ltda.
Rua Frei Luís, 100
25689-900 Petrópolis, RJ
www.vozes.com.br
Brasil

Todos os direitos reservados. Nenhuma parte desta obra poderá ser reproduzida ou transmitida por qualquer forma e/ou quaisquer meios (eletrônico ou mecânico, incluindo fotocópia e gravação) ou arquivada em qualquer sistema ou banco de dados sem permissão escrita da editora.

CONSELHO EDITORIAL

Diretor
Gilberto Gonçalves Garcia

Editores
Aline dos Santos Carneiro
Edrian Josué Pasini
José Maria da Silva
Marilac Loraine Oleniki

Conselheiros
Francisco Morás
Leonardo A.R.T. dos Santos
Ludovico Garmus
Teobaldo Heidemann
Volney J. Berkenbrock

Secretário executivo
João Batista Kreuch

Editoração: Maria da Conceição B. de Sousa
Diagramação: Sandra Bretz
Revisão gráfica: Fernando Sergio Olivetti da Rocha
Capa: Érico Lebedenco
Ilustração de capa: Lúcio Américo – lucioartesacra.com

ISBN 978-85-326-5448-9 (Brasil)
ISBN 978-1-59471-153-4 (Estados Unidos)

Editado conforme o novo acordo ortográfico.

Este livro foi composto e impresso pela Editora Vozes Ltda.

Sumário

Prefácio, 7

Inspiração, 13

Como orar com este livro, 17

Trinta dias em oração, 25

Palavra final, 117

Prefácio

Um renascimento místico está em ação. Como um campo de graça sutil que cerca o nosso mundo, em toda parte as pessoas estão explorando o convite sedutor para desenvolver um relacionamento feliz e íntimo com Deus. Graças à natureza desse despertar místico, mais e mais pessoas estão descobrindo a necessidade de desenvolver um caminho espiritual mais refinado. Esse novo caminho que atrai tanta gente incorpora características muito conhecidas dos grandes místicos da era medieval e do Renascimento. Esses místicos, nossos grandes mestres espirituais, incluem Teresa d'Ávila, Juliana de Norwich, Francisco de Assis, São João Evangelista, Mestre Eckhart, Francisco de Sales, Catarina de Sena, Teresa de Lisieux, Evelyn Underhill e Madre Teresa, em tempos modernos.

Numa descrição simples, esses místicos extraíam força de uma devoção à oração, contemplação e autorreflexão. Sabiam que uma prática diária de estarem sozinhos com Deus era necessária para rever o dia e refletir sobre o bem-estar e a harmonia da alma. Hoje estamos redescobrindo o modo pelo qual eles conheciam Deus. Apesar de todas as suas diferenças, a base comum compartilhada por esses místicos era uma devoção à oração e uma fé inabalável no seu relacionamento místico com Deus.

Como místicos do seu tempo, esses grandes mestres espirituais sabiam que Deus esperava muito deles. Deus era, sobretudo, a sua companhia mais íntima. Eles conheciam o divino pela experiência direta, não pelo discurso intelectual. A vida deles era uma comunhão sagrada contínua com o divino. Isso não facilitava a sua vida física nem removia do seu caminho os rochedos do medo e da dúvida. Tal intimidade, porém, tornava a sua fé inexorável e a sua compreensão absoluta em termos do que era real ou irreal, autêntico ou ilusório. Eles sabiam quando Deus lhes falava diretamente e ordenava que agissem. "Francisco", disse o Senhor, "reconstrua a minha Igreja". Talvez Francisco de Assis tenha parado por vários momentos, quem sabe por vários dias, pensando na voz. Mas, depois de perceber que Deus havia falado com ele, tornou-se iluminado com a plenitude da graça. Nada poderia dissuadi-lo das suas ordens divinas.

Os místicos sabiam quando deveriam apegar-se à sua fé, especialmente quando enfrentavam ataques dentro e fora dos mosteiros. Os ataques vinham em sua maior parte daqueles que invejavam o vigor na alma desses santos. Experiências místicas e intimidade com o divino não se traduzem em vidas fáceis. Ao contrário, produzem pessoas de verdade, força e coragem. Nenhum caminho da vida – nem mesmo o de um místico – pode alterar a natureza da vida propriamente dita. A vida é uma jornada contínua de mudanças e escolhas, uma renúncia a caminhos antigos e uma confiança em caminhos novos. O que esses santos acabaram percebendo e revelando aos outros é que refinar o relacionamento com Deus é a escolha de vida sobre a qual todo o resto está construído.

Depois de feita, essa escolha torna-se o seu guia, sem importarem as dificuldades que a vida lhe apresente. Ninguém pode evitar adversidades, porque a vida inclui dor e sofrimento. Mas a vida também pode incluir amor e serviço ao próximo, além de infinitos atos de criação neste planeta. Amor, serviço e criação são marcos lendários na vida dos santos. Então, oração e fé não são meros recursos aos quais podemos recorrer quando estamos em crise. São indispensáveis. Como Teresa d'Ávila ensinou tão bem às suas irmãs (freiras): "Aprenda a ver Deus nos detalhes da sua vida, pois Ele está em toda parte".

Esses místicos maravilhosos estão gozando de uma popularidade renovada exatamente porque tanta gente está reconhecendo a necessidade de reencontrar o sagrado. Esses homens e mulheres buscam retiros nos fins de semana em mosteiros apenas para estarem no silêncio que era tão familiar àqueles que dedicaram todo o tempo à vida contemplativa. A pessoa comum, o "místico fora do mosteiro", agora está buscando uma vida espiritual extraordinária. Se você for uma dessas pessoas, descobrirá que a sabedoria e os textos desses santos fantásticos são tão valiosos hoje quanto eram centenas de anos atrás. A verdade é que a jornada da alma nunca mudou. Precisamos marcar claramente aquela trilha batida que leva ao divino, onde vemos as pegadas desses santos.

Ao ensinar sobre oração deparo-me inevitavelmente com muitas dúvidas das pessoas: "O que é oração?", "Como oro?" "Quais são as orações certas?" A falta de jeito das pessoas com a oração revela a sua falta de jeito com Deus. Construímos uma cultura de intelectualização de Deus. Pode parecer uma prática espiritual falar sobre Deus ou ler sobre o que achamos que Ele é ou não é. Mas falar ou ler sobre Deus não passa disso – nada mais, nada menos.

A verdadeira oração, por outro lado, é a prática de calar a mente e refletir sobre uma verdade elevada ou pensamento místico. Esse pensamento ergue você além das limitações dos seus cinco sentidos. Ao descrever uma experiência mística Teresa escreveu que a sua mente e os seus olhos queriam acompanhá-la, mas simplesmente não conseguiam fazer a jornada. Os sen-

— 10 —

tidos dela eram simplesmente incapazes de suportar a presença de Deus. Apenas a sua alma tinha o vigor para estar na companhia do divino. Na realidade, esses místicos perceberam o que todos nós desejamos perceber: a intimidade com o sagrado. Nascemos sequiosos por Deus e podemos tentar nos preencher com bens materiais e conquistas mundanas. No fim do dia, contudo, queremos mais. Juliana de Norwich entendia isso muito bem, dizendo que, por fim, "Nada menos do que Deus pode nos satisfazer".

A vida é uma jornada vazia sem a companhia de Deus, e o desenvolvimento de um sentido de intimidade divina exige tempo reservado para estar com Deus em oração, reflexão e contemplação. Sou uma entusiasta de Teresa d'Ávila e uso as suas orações diariamente. Acho a oração "Que nada perturbe o silêncio deste momento com o Senhor, Deus" as palavras mais confortantes que já encontrei na vida. Repito essa oração dezenas de vezes ao dia. Ela me leva de volta ao meu castelo, à minha alma, e fico de novo com Deus. Imediatamente, sinto-me cercada por um campo de graça, não importa onde eu esteja ou o que esteja acontecendo ao redor. Depois, seleciono algumas outras orações dela. Com suas palavras fecho a ponte levadiça do meu castelo, saindo do mundo dos meus sentidos e da confusão da minha mente. Sozinha com Deus, concentro-me na sabedoria de

Teresa: "Se tiver Deus, nada lhe faltará". As suas palavras me elevam além das fronteiras da minha vida comum. Sinto como se estivesse pairando sobre o meu corpo, o meu eu temporário experimentando – por um segundo apenas – a amplitude e a extensão da eternidade. Projeto nesse pano de fundo o que está me perturbando, e o incômodo desaparece. Esse é o poder resistente da oração e graça nas páginas dos livros de Teresa.

Os textos de Teresa e outros místicos estão vivos e cheios de graça ainda hoje. Ler uma das suas orações é ler sobre as experiências de Deus. Leve essa graça para dentro de você e deixe-a levá-lo embora do aqui e agora da sua vida. Permita que a sabedoria desses mestres paire sobre a sua vida. Faça contato com o seu próprio eu eterno.

Caroline Myss
Setembro de 2007

Inspiração

Há quatro séculos e meio Francisco de Sales entra e sai de moda, num momento estando na "crista da onda da popularidade" e, em outro, esquecido. Porém, todas as gerações que leram os seus livros e cartas encontraram neles uma companhia sábia e calorosa, moderada e suave para a sua jornada espiritual. É como alguém psicologicamente penetrante, cujos conselhos são confiáveis.

Ele foi um nobre, um erudito, um advogado, um bispo, um fundador religioso e, no devido tempo, santo e doutor da Igreja. Mas os seus textos não transmitem a sensação de que o autor era relutantemente humano, o que é frequente na literatura espiritual clássica. Ele era, como disse para Santa Joana de Chantal, "o mais humano possível".

Mas havia algo mais em seus textos que era singular para a sua época e ainda é importante. Ao contrário de tantos outros, ele não escrevia para padres e freiras, para a espiritualidade isolada do claustro. Escrevia para gente com família para alimentar, vestir e educar. Embora isso não seja incomum hoje, o que permanece inusitado é a sua capacidade de tornar acessíveis as mais grandiosas metas da tradição mística a homens e mulheres ocupados com o próprio trabalho cotidiano, sem abrir mão das suas demandas.

Deixemos Francisco falar:

> Na criação, Deus ordenou que as plantas da terra gerassem frutos, cada uma em seu gênero; e, de modo similar, Ele ordena que os cristãos, que são as plantas vivas desta Igreja, gerem os frutos da devoção, cada um de acordo com o próprio chamado e vocação. Há uma prática de devoção diferente para o cavalheiro e o mecânico, para o príncipe e o servo, para a esposa, a donzela e a viúva. A prática da devoção deve ser adaptada às capacidades, aos compromissos e obrigações de cada pessoa.

Não funcionaria se o bispo adotasse uma solidão monacal; se o pai de família se recusasse, como os capuchinhos, a guardar dinheiro; se o artesão passasse o tempo todo na igreja, como um religioso declarado; ou se o religioso se expusesse a todos os modos da sociedade, em favor do próximo, como o bispo deve fazer. Tal devoção seria incoerente e ridícula. Contudo, esse tipo de erro não é tão raro, e o mundo, não conseguindo ou não desejando distinguir a verdadeira devoção da imprudência do falso devoto, condena essa devoção que, por sua vez, nada tem a ver com tais incoerências.

A verdadeira devoção não atrapalha ninguém; ao contrário, aperfeiçoa tudo. Quando não se adequa à vocação legítima de alguém, deve ser falsa.

Não é um mero erro, mas uma heresia, supor que uma vida devota esteja necessariamente banida do campo do soldado, da loja do comerciante, da corte do príncipe ou do conforto do lar.

Em 1608, quando publicadas pela primeira vez, essas palavras devem ter soado chocantes para uma geração educada com a noção de que santidade elevada era preservar monges e freiras. Quase quatro séculos depois, pode não ser chocante, porém é reconfortante àqueles com contas a pagar *e* orações a fazer.

Também é um desafio.

Como orar com este livro

O objetivo deste livro é abrir um portão para você e tornar acessíveis a sabedoria e a inspiração espiritual de um dos mestres espirituais mais sensatos da história, Francisco de Sales.

Não é, portanto, um livro para simples leitura. Ele convida você a meditar e orar com as suas palavras diariamente por um período de trinta dias e, especialmente, entrar no que Francisco de Sales chama de "vida devota".

É um manual para um tipo especial de jornada espiritual.

Antes de ler as "regras" para iniciar a jornada, lembre-se de que o objetivo deste livro é libertar o seu espírito, não o confinar. Se em algum dia a meditação não vibrar bem para você, procure outra passagem que pareça adequar-se melhor ao espírito do seu dia e da sua alma. Não hesite em repetir um dia o quanto quiser até sentir que descobriu o que o Espírito, através das palavras do autor, tem a dizer ao seu espírito.

Para ajudar você no percurso, apresentamos algumas sugestões para usar este livro como um alicerce para as suas orações diárias. Elas se baseiam nas três formas de oração fundamentais da tradição espiritual ocidental. O autor do clássico *A nuvem do não saber* identificou-as como leitura, reflexão e oração. As três são tão conectadas que não pode haver reflexão proveitosa sem primeiro ler ou ouvir. Tampouco os iniciantes ou até os especialistas em espiritualidade chegarão à verdadeira oração sem primeiro parar e refletir sobre o que ouviram ou leram.

Assim, durante trinta dias, há uma leitura para o início de cada dia desenvolvida a partir dos textos de Francisco. Depois há uma meditação em forma de mantra para levar com você como foco para o resto do dia. E há um exercício para finalizar o seu dia, que sugere um local tranquilo onde você possa ficar em silêncio, além de um encerramento da sua leitura e meditação. A leitura é composta de três formas clássicas de oração: agradecimento, oferta e súplica. Sugerimos palavras de agradecimento e oferta, mas a oração de súplica fica a cargo do seu coração e imaginação, dos seus próprios sentimentos no fim de mais um dia.

O objetivo dessas formas e sugestões, entretanto, não é restringir. Vá para onde o Espírito o guiar.

18

INÍCIO DO SEU DIA

No início do dia reserve um momento tranquilo, num lugar calmo, para ler o texto sugerido para o dia.

É importante preparar-se para ler. Francisco insiste para que comecemos pela renovação do nosso senso de estar na presença de Deus.

Podemos recordar que Deus está em toda parte. "Não há lugar no mundo onde Ele não esteja." Podemos recordar ainda mais incisivamente que "Deus não está apenas neste lugar onde você está, mas também no seu coração e espírito". Um terceiro método é visualizar Deus olhando para nós lá de cima. E um quarto é visualizar Deus ao nosso lado. Ele nos oferece escolhas e o bom conselho de não as experimentar todas ao mesmo tempo. Faça o que for confortável, mas faça algo para se posicionar conscientemente na presença de Deus ao começar o dia. Não importa o que você fizer, ele diz, "faça de modo breve e simples".

Este livro começa o dia com uma leitura de São Francisco de Sales. As passagens são curtas. Nunca ultrapassam mais de cerca de cem palavras, mas foram cuidadosamente selecionadas para proporcionar um foco espiritual, um centro espiritual para o seu dia inteiro. Foram pensadas para lembrar você, assim que outro dia começa, da sua existência em âmbito espiritual.

Pretendem levar você à presença do mestre espiritual que é a sua companhia e professor nesta jornada.

Não desanime se não "entender" totalmente a mensagem na sua primeira leitura. Não se surpreenda se nada entender. Neste programa de trinta dias você será convidado a fazer apenas o que puder, vivenciar o Espírito no seu próprio tempo e ritmo. O esforço necessário pode parecer exasperante, mas também pode ser uma experiência espiritual excepcionalmente gratificante.

Um conselho: vá devagar; bem devagar. As passagens foram divididas em linhas curtas para ajudar nisso. Não leia para chegar ao fim, mas para saborear cada palavra, frase, imagem. Não há previsão nem determinação antecipada sobre qual frase ou palavra despertará uma resposta no seu espírito. Dê uma chance a Deus. Afinal, você não está lendo essas passagens, você está orando-as. Você está estabelecendo um estado de atenção espiritual para todo o seu dia. Por que a pressa?

DURANTE O DIA

Imediatamente após a leitura do dia, você verá uma única frase que Francisco chamaria de buquê, uma reunião das suas principais reflexões. É uma meditação em forma de mantra, palavra emprestada da tradição hindu. O objetivo dessa frase é ser uma companhia para o seu espírito ao longo de um dia atribulado. Escreva num cartão de 7cm x 12cm ou numa página da sua agenda. Olhe para ela tanto quanto puder. Repita-a tranquilamente para si mesmo e siga o seu caminho.

O propósito não é interromper os seus afazeres nem desviar você das suas responsabilidades, mas simplesmente lembrar-lhe da presença de Deus e do seu desejo de responder a essa presença.

Você pode pensar em destacar esse mantra da leitura do dia e levá-lo consigo para que o seu possível sentido enraíze-se mais profundamente na sua imaginação. Resista ao impulso de dissecá-lo, entendê-lo de modo nítido, claro e racional. Um mantra não é uma ideia. É um modo de conhecer Deus, enfatizando que o objeto da nossa busca é imensuravelmente misterioso.

FIM DO SEU DIA

Francisco insiste para que finalizemos a nossa meditação diária com três formas clássicas de oração. Nós as deixamos para o fim do dia. Há uma oração de agradecimento, uma oferta e uma oração de súplica.

É o momento de se despedir do dia e entrar num mundo de oração de encerramento.

Para esse período de oração sugerimos que você escolha um local quieto e escuro para onde possa voltar ao fim de todos os dias. Quando chegar, a sua primeira tarefa é acalmar o espírito. Sente. Se for confortável, ajoelhe. Faça o que acalmar a sua alma. Respire profundamente. Inspire, expire – devagar e ponderadamente – várias vezes, até sentir que o seu corpo se libertou da tensão.

Agora, usando o mínimo possível de luz, siga o exercício noturno devagar, frase por frase, parando quando o seu coração sugerir. Use todas as três formas de oração. Ou apenas uma. O conselho de Francisco foi testado e é real, mas o Espírito se move onde deseja.

Se perceber que a sua mente está discutindo com as palavras, analisando-as e tentando entender o seu sentido e objetivo, não se espante e recomece, aquietando a mente e libertando a sua imaginação. Deixe para trás da melhor maneira possível tudo o que, de modo consciente ou inconsciente, estiver entre você e Deus.

De modo geral, essas orações são um ato de confiança e segurança, uma entrada para um sono pacífico, uma simples oração noturna que reúne o caráter espiritual do dia que agora chega ao fim da maneira como começou: na presença de Deus. Olhe para trás com gratidão e adiante com generosidade, sobretudo com uma esperança silenciosa e uma oração confiante.

É o momento de resumir e encerrar.

Convide Deus para acolher você com amor e protegê-lo durante a noite.

Durma bem.

ALGUNS OUTROS MODOS DE USAR ESTE LIVRO

1) Use-o de qualquer maneira, conforme sugerir o seu espírito. Como já mencionamos, salte uma passagem que não vibre com você em certo dia. Já uma passagem cuja riqueza fale a você pode ser repetida num segundo dia ou até em vários dias. As verdades de uma vida espiritual não são absorvidas num dia, tampouco numa vida inteira, por sinal. Então vá devagar. Seja paciente com o Senhor. Seja paciente com você.

2) Escolha duas passagens e/ou os seus mantras (quanto mais contrastantes, melhor) e misture-as. Fique algum tempo descobrindo como as suas semelhanças ou diferenças iluminam o seu caminho.

3) Faça um diário espiritual para registrar e aprofundar a sua experiência nessa jornada de trinta dias. Usando o mantra ou outra frase da leitura que atraia você, redija uma descrição espiritual do seu dia, uma reflexão espiritual. Crie a sua própria meditação.

4) Junte-se a milhões de pessoas que estão buscando aprofundar a própria vida espiritual, unindo-se aos outros e formando um grupo pequeno.

— 23 —

Cada vez mais gente está fazendo isso em busca de apoio na jornada mútua. Reúnam-se uma vez por semana ou ao menos em semanas alternadas para discutir e orar sobre uma das meditações. Há muitos livros e guias disponíveis para ajudar você a viabilizar um grupo assim.

John Kirvan
Editor

Trinta dias em oração

Primeiro dia

INÍCIO DO MEU DIA

Um antigo provérbio nos propõe:
"devagar se vai ao longe".
O Rei Salomão também nos lembra:
"pés apressados tropeçam".
E aqueles que se preocupam em demasia
com cada detalhe da própria vida
pouco fazem,
e o pouco que fazem
é malfeito.
As abelhas mais ruidosas
não produzem mel.

Precisamos nutrir o nosso espírito
com diligência e cuidado,
mas isso é bem diferente de
ansiedade e preocupações debilitantes.
Cuidado e solicitude
não enfraquecem a tranquilidade e a paz de espírito,
mas ansiedade e perfeccionismo espiritual,
sem falar em transtorno e *frenesi*,
certamente o fazem.

Seja consciencioso
em tudo o que lhe couber,
mas não deixe
a pressa, a perturbação, a ansiedade e o nervosismo
atrapalharem
a sensatez e o discernimento,
impedindo você de executar bem
aquilo que Deus designar.

O nosso Senhor repreendeu Marta, chamando-a de volta
ao que era necessário.

"Marta, Marta,
andas muito agitada e te preocupas
com muitas coisas."

Talvez precisemos ouvir a mesma repreensão.

DURANTE O DIA
Não se preocupe com tantas coisas.

FIM DO MEU DIA

Com gratidão
Agradeço todas as dádivas deste dia,
por devagar ir ao longe
com a minha alma
para que não tropece.
Por substituir a minha ansiedade e preocupação
por cuidado e solicitude.
Por me lembrar
de que somente uma coisa é necessária:
confiança no Senhor.

Com uma oferta
Eu lhe ofereço o silêncio desta noite.
Que eu não o dilua
com milhares de distrações,
com as preocupações que restaram neste dia.

Que eu lhe dê uma mente calma,
uma alma tranquila
e um coração despreocupado.

E com uma oração para...

Segundo dia

INÍCIO DO MEU DIA

Não deixe a ansiedade
sabotar a sua busca por Deus.

Você bem sabe
que, quando busca algo ansiosamente,
pode se deparar com o que busca centenas de vezes
sem enxergar.

A ansiedade se disfarça
de energia espiritual verdadeira,
mesmo fatigando a nossa mente,
drenando o nosso entusiasmo
e enfraquecendo a nossa alma.

Ela finge estimular a nossa alma,
mas tudo o que faz é amortecer o nosso espírito.
Ela nos empurra
até tropeçarmos com os próprios pés.

Precisamos vigiar essa impostora
que tenta nos fazer crer
que a nossa vida espiritual

depende completamente dos nossos esforços.
Como se, quanto mais desesperados estivermos,
quanto mais formos ansiosos na busca,
maior a probabilidade de
encontrar Deus.

Deixe Deus fazer a parte dele.
Seja paciente.

Nem mesmo os nossos melhores esforços
podem conseguir as bênçãos de Deus.

O nosso papel é
estarmos prontos
para receber as dádivas de Deus
de coração aberto –
com cuidado, humildade
e serenidade.

DURANTE O DIA
Deixe Deus fazer a parte dele.

FIM DO MEU DIA
Com gratidão
Agradeço todas as dádivas deste dia.

Na minha impaciência
em agir do meu jeito,
só o Senhor sabe quantas vezes hoje
deparei-me com o Senhor
sem reconhecê-lo.

Agradeço a sua paciência comigo.

Com uma oferta
Eu lhe ofereço o silêncio desta noite.
Transforme-o
num desejo ardente
que jamais confunda ansiedade nervosa
com paixão espiritual.

Tome o meu coração silente
e abra-o à sua graça.
Faça aquilo que somente o Senhor pode fazer
com o pouco que posso lhe oferecer
da minha carência.

E com uma oração para...

Terceiro dia

INÍCIO DO MEU DIA

Pare de se preocupar.
Não importa o que você deve fazer
para trilhar o caminho
que Deus lhe mostrou,
faça o melhor que puder.
E, quando acabar,
passe para a próxima tarefa.

Não fique remoendo o que aconteceu em sua mente,
tentando decidir
se os seus esforços foram insuficientes
ou exagerados,
se foi um grande ou pequeno feito,
se poderia ter agido melhor.

Se você não tiver pecado
e estava tentando atender a vontade de Deus,
basta.

Não se preocupe. Prossiga.
Simplesmente.
Calmamente.

Tranquilamente.
Trilhe o caminho que Deus lhe mostra
sem ansiedade.
Senão,
a sua ansiedade enfraquecerá
os seus esforços para crescer.

Se falhar,
não deixe a ansiedade
dominar você,
mas admita a sua falha
com tranquilidade, humildade
e na presença de Deus.
Depois continue a trilhar o caminho
que Deus permanecerá mostrando.

DURANTE O DIA

Não se preocupe!

FIM DO MEU DIA

Com gratidão
Agradeço todas as dádivas deste dia,
por abençoar os meus esforços,

não me preocupando
se foram grandes ou pequenos,
bem ou mal-executados.

Só o que importou
é que tentei fazer a sua vontade.
Bastou.
Sempre basta.

Com uma oferta
Eu lhe ofereço o silêncio desta noite.
Tome-o
e encha a minha alma
com a calma e a paz
que vêm quando trilho,
da melhor maneira possível,
sem ansiedade,
o caminho
que o Senhor traçou para mim.

E com uma oração para...

Quarto dia

INÍCIO DO MEU DIA

Se você espera vencer
em qualquer coisa que fizer,
confie totalmente na providência de Deus.
Coopere com Ele,
depois esteja seguro
de que, não importa o que acontecer,
será o melhor para você.

Pense numa criancinha
caminhando com o pai.
Uma das mãos segura firme a mão dele,
mas a outra
colhe frutos das árvores da estrada.

Imite essa criança.
Com uma das mãos, vá em frente e colha
o que você precisa das coisas boas do mundo,
mas, com a outra,
segure a mão do seu Pai celestial,
verificando regularmente
se
Ele aprova o que você está fazendo com a sua vida.

Sobretudo,
cuidado para não abandonar o seu Pai
e soltar as duas mãos
para colher mais as benesses do mundo.
Você descobrirá
que, sozinho,
tropeçará e cairá.

E, quando a colheita não exigir
toda a sua atenção,
volte a sua mente para Deus sempre que puder.
Como um marinheiro retornando ao porto,
olhe para o céu
e não apenas para as ondas que o carregam.

DURANTE O DIA

Confie em Deus e fique seguro.

FIM DO MEU DIA

Com gratidão
Agradeço todas as dádivas deste dia,
especialmente por segurar a minha mão.
Também agradeço
por todas as coisas boas deste mundo
que o Senhor hoje colocou ao meu alcance.

No Senhor eu confio.
O Senhor é a minha segurança.

Com uma oferta
Eu lhe ofereço o silêncio desta noite,
estes momentos que encerram o meu dia,
quando a minha colheita pode pausar.
Que eu volte a minha mente para o Senhor.
Aqui, na escuridão,
sou o marinheiro que volta ao porto,
olhando para o céu
e não apenas para as ondas
que me carregam durante o dia.

E com uma oração para...

Quinto dia

INÍCIO DO MEU DIA

Não perca o seu tempo
sonhando ser outra pessoa.
Não tente ser outra pessoa.
Trabalhe e ore
por ser quem você é.

Seja você quem for,
onde estiver.
Concentre-se
nos pequenos problemas e dores cotidianos
que o importunam.

Reserve os seus melhores esforços,
consuma a sua energia espiritual
no que estiver bem à sua frente.
É o que Deus lhe pede.

É tudo o que Ele pede:
que você viva
e responda à sua graça
aqui e agora.
Fazer qualquer outra coisa é perder o seu tempo.

Ouça atentamente.
É muito importante –
e muito mal-interpretado –
pois todos nós preferimos fazer
aquilo que apreciamos.
Muito poucos de nós escolhem a obrigação primeiro
ou a vontade de Deus.

Não cultive o jardim de outra pessoa.
Cresça onde você estiver plantado.

DURANTE O DIA

Seja quem você é.

FIM DO MEU DIA

Com gratidão
Agradeço todas as dádivas deste dia,
especialmente por amar
e respeitar
quem eu sou.

Agradeço o jardim
onde o Senhor me plantou
e onde, sozinho, eu o encontrarei.

Com uma oferta
Eu lhe ofereço o silêncio desta noite.
Tome o que o Senhor me pede
e o que eu, sozinho, posso lhe oferecer:
uma vida vivida
em resposta à sua graça
aqui e agora,
no único mundo que tenho,
o mundo que se descortina à minha frente.

É tudo o que o Senhor me pede:
É tudo o que tenho a dar.

E com uma oração para...

Sexto dia

INÍCIO DO MEU DIA

Muitos de nós cometemos o erro
de edificar a nossa vida espiritual
em torno das grandes crises e oportunidades.
Ficamos
totalmente despreparados
para tratar e nos beneficiar
dos pequenos eventos
que se apresentam
constantemente.

Seria melhor
se nos concentrássemos menos nos eventos grandes e
raros,
e nos preparássemos e estivéssemos abertos para
os pequenos e constantes eventos
que são o estofo do cotidiano.

Somos todos
obrigados a lutar pela perfeição,
como Cristo e São Paulo nos dizem.
Mas precisamos lembrar
que a perfeição consiste

em fazer a vontade de Deus,
usar essa vontade
como o modelo para todas as nossas decisões,
grandes e pequenas.

Devemos nos afastar daquilo que Deus deseja que
evitemos
e promover
o que Deus deseja que realizemos em seu nome.
E devemos agir assim
não apenas em assuntos vastos
e provações graves,
mas até nas mínimas perturbações
e pequenas oportunidades.

Uma coisa um tanto dramática
é preparar-se para uma morte feliz,
mas outra coisa igualmente importante
é estar preparado, em tranquila paciência,
para enfrentar cada novo dia e suas provações triviais.

DURANTE O DIA

Paciência – todos os dias.

FIM DO MEU DIA

Com gratidão
Agradeço todas as dádivas deste dia,
por um dia pleno
de mil provações triviais
e pequenas oportunidades,
e pela força
que tomei emprestada do Senhor
naqueles momentos esporádicos quando
reconheci a sua presença
e reagi a ela do melhor modo possível.

Com uma oferta
Eu lhe ofereço o silêncio desta noite.
Aceite as minhas pequenas respostas
às pequenas coisas
que compõem a minha vida.

Tome as pequenas mortes
que preciso morrer
a todo momento
e com elas teça
uma morte para tudo, menos para o Senhor.

E com uma oração para...

Sétimo dia

INÍCIO DO MEU DIA

O modo de honrar Deus,
de quem somos obra,
é ser quem somos
da forma mais perfeita possível.

Basta sermos
o que Deus deseja,
e não uma criatura perfeita
que Deus nunca imaginou.

Suponha que você fosse
o ser mais perfeito
imaginável.
E daí?
Se você não fosse a pessoa
que Deus imaginou
no momento da sua criação,
qual benefício você teria?

Também basta
fazer o que for,
sendo quem você é e onde você estiver.

Apenas faça de corpo e alma
o que você sabe que Deus está lhe pedindo.
Não se preocupe
se o que Deus lhe pede é importante e grandioso.
Se as suas ações
são ou não insignificantes,
não importa,
se forem a vontade de Deus.

Como você poderia se decepcionar
até com uma ínfima oportunidade
se souber que é a vontade de Deus?
Vontade nascida da sua atenção providencial em você
e escolhida para você
em sua sabedoria eterna.

DURANTE O DIA

Seja quem você é.

FIM DO MEU DIA

Com gratidão
Agradeço todas as dádivas deste dia,
por me permitir entender,
no fim deste dia,

que até a menor oportunidade
que chega até mim
traz consigo a sua sabedoria eterna.
A sua vontade para mim
é a semente
de tudo o que o Senhor deseja para mim.

Com uma oferta
Eu lhe ofereço o silêncio desta noite.
Aceite como medida
da minha esperança
tudo o que
eu possa fazer,
sendo quem sou,
onde estou.
Sei que o Senhor
não ficará decepcionado.
Ajude-me a não ficar.

E com uma oração para...

Oitavo dia

INÍCIO DO MEU DIA

Não pense
que conseguirá superar em um dia
os maus hábitos de uma vida
ou gozar de uma perfeita saúde espiritual
após anos de desatenção.

Seja paciente.

Enquanto vivermos,
carregaremos o fardo de nós mesmos,
as limitações da nossa humanidade.
A perfeição precisará esperar
outra vida,
outro mundo.

É claro
que Deus curou algumas pessoas instantaneamente,
não deixando rastros das suas falhas anteriores.
Pense em Maria Madalena.
Num instante,
Jesus a conduziu de uma vida de pecado
para uma vida de santidade.

Mas esse mesmo Deus
deixou muitos dos seus mais leais discípulos
enfraquecidos pelo próprio passado.
Pense em Pedro,
que costumava fraquejar.
Certa vez
chegou a negar o Senhor.

Deus fará o que for melhor para nós.

É provável
que Ele nos conduza devagar,
um passo de cada vez.
Então precisamos ser pacientes com tudo
e todos,
mas especialmente conosco
e com Deus.

DURANTE O DIA

Talvez a perfeição precise esperar.

FIM DO MEU DIA

Com gratidão
Agradeço todas as dádivas deste dia,
por fazer

o que é melhor para mim,
por me conduzir devagar,
um passo de cada vez.
Agradeço por me ajudar a carregar
o fardo de mim mesmo,
as limitações da minha humanidade.

Com uma oferta
Eu lhe ofereço o silêncio desta noite.
Não posso lhe oferecer perfeição,
somente uma alma fraca com
os maus hábitos de uma vida
e anos de desatenção.
Mas o que tenho,
eu lhe ofereço,
sabendo, como o Senhor me ensinou,
que a perfeição precisará esperar.

E com uma oração para...

Nono dia

INÍCIO DO MEU DIA

O maior erro
que a maioria de nós comete com Deus,
o que mais
enfraquece a nossa paz de espírito,
é a ideia
de que Deus exige muito de nós,
mais do que seres frágeis como nós
poderiam dar.

Um Deus assim é assustador.
Mas Deus, na realidade, está contente
com o pouco que podemos dar,
porque Deus sabe
e aceita
o pouco que temos.

Precisamos fazer apenas três coisas:

Fazer o melhor possível
para encontrar e honrar Deus
em tudo o que fazemos.

Fazer o que for – mesmo pouco –
para viver assim.

Deixar Deus fazer o resto.

Se seguirmos essas regras simples,
possuiremos Deus.
E, ao possuirmos Deus,
não seremos incomodados,
não ficaremos ansiosos,
porque não precisaremos
temer um Deus
que nunca nos pede
mais do que podemos dar.

DURANTE O DIA

Deus está contente com o pouco que temos.

FIM DO MEU DIA

Com gratidão
Agradeço todas as dádivas deste dia,
por me pedir somente o que eu podia dar,
mesmo quando me parecia
tão pouco

e tão indigno do Senhor.
Agradeço
por não me deixar
assustado por lhe oferecer tão pouco.

Com uma oferta
Eu lhe ofereço o silêncio desta noite.
De mãos e bolsos vazios,
eu lhe ofereço as riquezas
de uma alma que se esforça
para fazer o melhor possível
para lhe honrar
de todos os modos possíveis
com o pouco que tem.
Deixo o resto com o Senhor.

E com uma oração para...

Décimo dia

INÍCIO DO MEU DIA

Quanto mais lembramos e apreciamos
as graças de Deus –
especialmente aquelas graças particulares e secretas
que ninguém mais sabe –
mais devemos amá-lo.

Mas é uma experiência de humildade.
Diante
da compaixão de Deus,
vemos a abundância das suas graças.
Mas, ao mesmo tempo,
enfrentamos a sua justiça
e devemos reconhecer
a abundância das nossas más ações.

Reflitamos, portanto,
sobre tudo o que Ele fez por nós,
e reconheçamos as suas graças
mesmo quando enumeramos os nossos pecados.
Não darei espaço ao orgulho.
Até mesmo uma mula carregada de joias preciosas
continua sendo mula.

Paulo pergunta: "O que tens
que não tenhas recebido?
E se o recebeste,
por que te vanglorias
como se não o tivesses recebido?"
Se ficarmos tentados a nos apropriar
das virtudes que temos,
basta lembrarmos
a nossa ingratidão,
as nossas imperfeições,
a nossa fraqueza.

O que você conseguiu fazer sem Deus?

Tudo bem nos alegrarmos com os nossos feitos
e ficarmos felizes com a sua realização,
contanto que atribuamos toda a glória resultante a
Deus,
que é o seu autor.

DURANTE O DIA

O que tenho
que não tenha recebido?

FIM DO MEU DIA

Com gratidão

Agradeço todas as dádivas deste dia.
Mesmo não tendo nada
que não tenha sido recebido do Senhor,
devo admitir que costumo
agir como se
eu fizesse tudo sozinho.
Mas, ainda que seja somente neste momento calmo,
que eu reconheça a minha dívida
e, de coração,
agradeça.

Com uma oferta

Eu lhe ofereço o silêncio desta noite.
Tudo o que tenho,
inclusive este momento calmo,
é a sua dádiva para mim.
Que eu abandone o meu apego
para que o Senhor a use
como desejar
e para que eu possa encontrar nela a sua misericórdia.

E com uma oração para...

Décimo primeiro dia

INÍCIO DO MEU DIA

Seja humilde na prática!

Às vezes confessamos que não somos nada,
que somos a fraqueza em pessoa,
um grão de areia.
Mas ficamos incomodados
se alguém interpretar literalmente as nossas palavras.

Nós nos afastamos
e escondemos ostensivamente,
mas esperamos
que o mundo nos "descubra".

Assumimos o posto mais baixo,
nutrindo a esperança
de que vão nos pedir para subir.

A verdadeira humildade não consiste em
parecer humilde.
O humilde prefere
ocultar as próprias virtudes

e esconder quem realmente é
para viver desconhecido, numa vida oculta.
O meu conselho é que você
seja moderado nas suas expressões de humildade,
garantindo que os seus sentimentos internos
profundos
sejam consoantes com o que disser externamente.

Jamais baixe os olhos
sem ser humilde no coração
e não finja
que deseja estar entre os últimos,
a menos que realmente deseje isso de coração.

Quem é realmente humilde
prefere ouvir dos outros que
é desprezível e sem valor
a falar de si mesmo.

DURANTE O DIA
Caminhe com humildade na verdade.

FIM DO MEU DIA

Com gratidão
Agradeço todas as dádivas deste dia.
Elas não devem ser exibidas
em demonstrações públicas
nem com dissimulação,
mas em gratidão silenciosa.
Aqui na sua presença
deixe-me dizer
apenas o que sei ser verdade.

Com uma oferta
Eu lhe ofereço o silêncio desta noite.

Aqui na escuridão e solidão
admito não ser nada,
sou um grão de areia.

O Senhor pode acreditar no que digo.
Ao menos aqui.
Ao menos agora.

E com uma oração para...

Décimo segundo dia

INÍCIO DO MEU DIA

Um coração livre
é o companheiro fiel
de uma alma tranquila.

Coração livre é aquele
que não é apegado ao seu próprio jeito
de agir,
que não se impacienta
quando as coisas dão errado.
Um coração livre
certamente gozará de consolos espirituais,
mas não dependerá deles
e aceitará, da melhor forma possível,
problemas no seu lugar.

Um coração livre
não é preso
a cronogramas ou modos de orar,
afirmando que qualquer mudança é perturbadora
e fonte de ansiedade.

Um coração livre
não é apegado
ao que está além do seu controle.

Um coração livre ora a Deus
para que o seu nome seja consagrado,
que o seu reino venha,
que a sua vontade seja feita
assim na terra como no céu.

Pois, se o nome de Deus for consagrado,
se o seu reino estiver em nós,
se a sua vontade for feita,
um espírito livre não precisa se preocupar
com nada mais.

DURANTE O DIA

Liberte o meu coração.

FIM DO MEU DIA

Com gratidão
Agradeço todas as dádivas deste dia,
pelos momentos de liberdade,
quando a sua vontade
foi feita,

quando o seu reino cresceu em mim,
e o meu coração
não se preocupou
com nada mais.

Com uma oferta
Eu lhe ofereço o silêncio desta noite,
que o Senhor liberte o meu coração
do meu apego
ao meu jeito de agir.

E eu lhe ofereço a minha alma,
que o Senhor a acalme e,
quando as coisas derem errado,
paciência.

E com uma oração para...

Décimo terceiro dia

INÍCIO DO MEU DIA

Você se lembra
de quando era criança
e transformava uma caixa de papelão abandonada
ou um punhado de areia
em castelo?

Parecia inevitável:
alguém o desmanchava.
Você sofria.

Mas agora entendemos. Essas coisas
que eram tão avassaladoras
quando éramos crianças
não eram tão importantes, afinal.
O nosso mundo não acabava quando os nossos
castelos desabavam.

Mas aqui estamos,
ainda desesperados e ansiosos
com os frágeis castelos da nossa idade adulta.
Eles também cairão

e isso não importará tanto
à luz da eternidade.
Mas levamos um tempo
para conquistar essa perspectiva.

Somos capazes de passar os nossos dias
correndo em círculos,
obcecados com milhares de coisas,
convictos de que cada uma delas
é essencial à nossa felicidade.

Ou podemos parar por um momento
e pensar na eternidade.
Então vemos como são desimportantes
as milhares de preocupações
que confundem a nossa mente
e preocupam a nossa alma.

Como são pequenas!

DURANTE O DIA

O que realmente importa?

FIM DO MEU DIA

Com gratidão
Agradeço todas as dádivas deste dia,
por me permitir terminar este dia
lembrando
que, mesmo tendo estado desesperado e ansioso
com os frágeis castelos da minha vida,
à luz da eternidade
eles não importam.

Com uma oferta
Eu lhe ofereço o silêncio desta noite.
Tome as caixas de papelão abandonadas
e os grãos de areia
que ainda uso
para construir os meus castelos
e transforme esses sonhos frágeis,
esses momentos dispersos e apressados
do meu dia
em algo que dure
por toda a eternidade.

E com uma oração para...

Décimo quarto dia

INÍCIO DO MEU DIA

"Aprendei de mim", falou Jesus,
"que sou manso e humilde de coração".

"Aprenda comigo", Ele quis dizer,
"a ser paciente e gentil
com o seu próximo
e humilde perante o meu Pai".

"Aprenda comigo", Ele quis dizer,
"a ser paciente e gentil com todos,
mas especialmente consigo mesmo".

Não fique ansioso,
condenando-se
sempre que falhar.
Ao contrário, com paciência e gentileza,
levante
e recomece.

Não há modo melhor
de chegar à perfeição
do que estar disposto –

e paciente o bastante –
a recomeçar sempre.

Seguir esse conselho simples
é descobrir o segredo
de uma vida verdadeiramente devota.

Deus lhe dará
uma paz interior
e toda a paciência necessária,
mas você deve lhe pedir com sinceridade.
E colocá-las em prática diariamente.
Use todas as oportunidades
para agir com serenidade e paciência,
não importa o quão pequenas pareçam no momento,
pois o nosso Senhor prometeu:
"A quem for fiel nas pequenas coisas,
coisas maiores serão dadas".

DURANTE O DIA
"Aprenda comigo!"

FIM DO MEU DIA
Com gratidão
Agradeço todas as dádivas deste dia,
por me ensinar,

pelo seu exemplo,
que a paciência é o caminho para a perfeição.
Que eu aprenda com o Senhor
a ser paciente com todos,
mas especialmente
comigo mesmo.

Com uma oferta
Eu lhe ofereço o silêncio desta noite.
Aceite as ofertas da minha alma impaciente
e encha-a com a sua paz.

Use as horas desta noite
para plantar na minha alma
as sementes de uma paciência
que inclua todos ao meu redor,
mas especialmente
eu mesmo.

E com uma oração para...

Décimo quinto dia

INÍCIO DO MEU DIA

Quando estamos amando,
assim dizem os apaixonados,
o mundo inteiro
fala sobre o ser amado.

É difícil pensar em outra coisa.
O seu coração transborda.
Quando falamos,
é difícil não falar no ser amado.
E quando ficamos em silêncio,
sonhamos acordados com ele.
Essa ausência do ser amado é intolerável.

Assim é também
com aqueles que amam a Deus:
nunca se cansam de pensar nele,
viver para Ele,
ansiar por Ele
e falar sobre Ele.
Para eles,
o mundo todo
fala uma linguagem muda do amor,

instigando-os
a ter pensamentos sobre aquele que amam –
excitando em nós, se ouvirmos,
pensamentos sobre aquele que amamos –
provocando um anseio insaciável
de estar na sua presença.

Fale, então,
quando Deus falar com você.
Não se envergonhe
em reconhecer
que em todo lugar e sempre
você ouve
a voz de quem você ama.
Vá aonde
o seu coração o levar.

DURANTE O DIA

Fale quando Deus falar com você.

FIM DO MEU DIA

Com gratidão
Agradeço todas as dádivas deste dia,
especialmente por nunca estar distante

dos meus pensamentos,
por estar em toda parte para onde olhei,
por preencher todo silêncio com a sua voz,
por me dar um motivo
para falar com o Senhor
a cada movimento.

Com uma oferta
Eu lhe ofereço o silêncio desta noite
para que o preencha com a sua voz.
Ofereço esta escuridão
para que a preencha com a sua luz.
Ofereço esta solidão
para que a preencha com a sua presença.
Ofereço o que tenho
e quem sou.

E com uma oração para...

Décimo sexto dia

INÍCIO DO MEU DIA

Com um cuidado persistente,
o nosso Pai celestial
para sempre planta em nosso coração
inspirações suaves, esperando que
despertem e acendam em nós
o desejo pelo seu amor divino.

Receba-as
com gratidão, reverência e certeza.
Ouça-as humildemente.
Cultive o amor que sente.

Encontrar alegria nessas inspirações
pode não parecer muito,
mas é um grande passo.
Pois embora tal deleite
esteja longe do compromisso completo com o seu
amor,
demonstra
que estamos caminhando,
mesmo devagar e com cautela,
na direção certa.

Não se esqueça, porém,
de que a perfeição está em deixar-se guiar por essas
inspirações.
Se, após acolhê-las alegremente,
não nos deixarmos guiar por elas,
ofenderemos Deus gravemente
e banalizaremos a sua bondade.

Não pare, portanto,
com as inspirações dele.
Guie-se por elas
com plenitude, amor e persistência.
Porque assim o nosso Pai,
que não tem obrigações para conosco,
poderá sentir-se comprometido com o nosso amor.

Um consentimento que permanece aninhado no
coração
sem produzir resultados externos
é como a videira que não gera frutos.

DURANTE O DIA

A perfeição está em agirmos
guiados pelas inspirações do nosso Pai.

FIM DO MEU DIA

Com gratidão
Agradeço todas as dádivas deste dia,
por plantar
em todos os cantos
pequenos lembretes da sua presença,
inspirações suaves
para o florescimento do amor.

Não pare agora!
Cultive-as em mim
em todos os dias futuros.

Com uma oferta
Eu lhe ofereço no silêncio desta noite,
o fruto frágil
plantado hoje.

Não é para
permanecer uma semente afetuosa
protegida no meu coração.
Que ela cresça.
Que eu a partilhe com todos que encontrar
amanhã.

E com uma oração para...

Décimo sétimo dia

INÍCIO DO MEU DIA

É com paciência,
como o próprio Senhor nos recorda,
que conquistamos a felicidade,
que passamos a possuir a nossa alma.

Quanto mais perfeita for a nossa paciência,
mais perfeita será a nossa felicidade.

Precisamos, então, lembrar frequentemente
que foi pelo sofrimento paciente
que o nosso Senhor nos salvou.

Podemos esperar
a descoberta da nossa salvação
do mesmo modo,
suportando as nossas feridas, contradições e
incômodos
com a sua grande calma e suavidade –
com a sua paciência –
acolhendo todos os tipos de provações
que Ele nos envie
ou permita que nos assolem.

Algumas pessoas estão dispostas, é claro,
a sofrer por coisas que sejam honrosas
(ser ferido numa guerra ou tornar-se prisioneiro, por
exemplo, ou ser maltratado por causa da sua religião),
mas elas podem amar mais
a honra
do que serem pacientes com o sofrimento.

O servo do Senhor verdadeiramente paciente
não é exigente na escolha,
mas suporta com paciência
o que se apresentar,
a censura dos bons
e o desprezo dos maus,
os respeitáveis
e os que não passam de importunos.

DURANTE O DIA

É na paciência
que devemos possuir a nossa alma.

FIM DO MEU DIA

Com gratidão
Agradeço todas as dádivas deste dia,
todas as coisas

que atravessaram o meu caminho,
desde grandes perturbações
até simples importunações,
e a graça
de demonstrar
de vez em quando
a pouca paciência que tenho.

Com uma oferta
Eu lhe ofereço o silêncio desta noite,
agora envolto
por paciência.
Transformo em dádivas as feridas,
contradições e perturbações
não apenas de hoje,
mas todas aquelas que
guardei
e alimentei por toda a vida.

E com uma oração para...

Décimo oitavo dia

INÍCIO DO MEU DIA

A verdadeira paciência aceita
não somente as grandes e pesadas provações
que ocasionalmente nos assolam,
mas também os probleminhas
e acidentes irritantes de todos os dias.

Isso significa ser paciente
não apenas diante de grandes doenças,
mas com pequenas irritações
que Deus envie ou permita.
Isso significa sermos pacientes
com aquilo que Ele deseja para nós,
pacientes com aqueles
que Ele plantou ao nosso redor,
pacientes com quaisquer circunstâncias que Ele
permita.

Mas não confunda
paciência
com indiferença, preguiça
ou falta de senso comum.

Quando for assaltado pelo infortúnio,
busque os remédios que Deus lhe ofereça.
Não agir assim
seria tentar a sua divina providência.

Quando, porém,
você já tiver feito tudo o que podia,
usado o que Deus tiver deixado ao seu alcance,
aguarde o resultado
com resignação paciente.
Se Deus julgar adequado
a superação do mal,
a cura da doença ou outra providência,
agradeça-lhe humildemente.
Por outro lado,
se Ele permitir que o mal triunfe,
abençoe pacientemente o seu nome sagrado
e renda-se
à vontade dele para você.

DURANTE O DIA

Paciência não é preguiça.

FIM DO MEU DIA

Com gratidão
Agradeço todas as dádivas deste dia,
o lugar onde as usufruí
e aqueles com quem as usufruí,
todas as suas alegrias
e tristezas,
os problemas superados
e aqueles pendentes.

Com uma oferta
Eu lhe ofereço o silêncio desta noite,
a sua escuridão e solitude.
Se o Senhor escolher,
sob o manto desta noite,
levar os problemas deste dia
ou deixá-los para amanhã,
eu abençoarei o seu nome.

Seja feita a sua vontade.

E com uma oração para...

Décimo nono dia

INÍCIO DO MEU DIA

Quem mergulha em busca de pérolas
nunca fica satisfeito em retornar com conchas.
Tampouco quem deseja a virtude deve
ficar satisfeito
com honra e reputação.

Quanto mais a virtude se exibe,
mais deseja ser vista e aclamada,
menor a probabilidade
de ser real e verdadeira.

A verdadeira virtude e a atração pessoal
não estão enraizadas nem amparadas
em orgulho, autossuficiência e vaidade.
Eles produzem uma vida vivida
unicamente para as aparências.
Florescem com brilho
e rapidamente fenecem.

Ter a aparência de virtude
pode ser bom para quem
não a procura,

quem a aceita com indiferença
e quem não confunde concha com pérola.
Mas pode ser muito perigoso e dolorido
para quem se apega a isso
e tem nisso um prazer.

Se alguém
for realmente sábio, hábil,
generoso e nobre,
os dons dessa pessoa florescerão
na real humildade e modéstia.

Uma alma grandiosa de verdade
não se perde em bens vazios,
como hierarquia, honra e forma.
Essa pessoa tem aspirações mais elevadas.

DURANTE O DIA
Busque a pérola, não a concha.

FIM DO MEU DIA
Com gratidão
Agradeço todas as dádivas deste dia,
e especialmente
por me lembrar

que a modéstia e humildade serenas,
não a autossuficiência e a vaidade,
são a terra onde
devo plantar as minhas esperanças
para a minha alma crescer
e não fenecer.

Com uma oferta
Eu lhe ofereço o silêncio desta noite
e qualquer honra ou reconhecimento
que porventura tenham chegado até mim hoje.
Devolvo ao Senhor
a sua origem,
a sua vida,
a sua flor.

E com uma oração para...

Vigésimo dia

INÍCIO DO MEU DIA

Fazemos o que podemos
para encontrar a paz de Cristo,
e Ele faz o resto.
Mas isso não significa
que não haja preço a pagar.
É quase certo
que precisaremos
abandonar
muito daquilo a que nos apegamos,
a familiaridade e o conforto
de ser autossuficiente,
a nossa reconfortante autoconfiança
ou o orgulho abundante.

Será doloroso.
Como dizem as Escrituras,
para nos separar do nosso orgulho,
Ele trará
"não a paz, e sim a espada".
A espada dele esfolará o nosso coração.
Resistiremos com todas as forças
ao sofrimento que precede a paz.

Mas é verdade
que, no final,
se permanecermos comprometidos a encontrar
a vontade de Deus
e fizermos a nossa pequena parte
com fé e coragem,
Ele fará o resto.
A sua prometida paz chegará.

"Não se faça a minha vontade, mas a tua."

A nossa paz será encontrada
em meio à guerra;
a nossa serenidade será negociada
ao preço da rendição.

DURANTE O DIA

Faça o que puder,
Deus fará o resto.

FIM DO MEU DIA

Com gratidão
Agradeço todas as dádivas deste dia,
por torná-lo mais fácil

ao fim do dia,
quando deslizo para a escuridão silenciosa
para me livrar do
meu orgulho,
para aceitar com gratidão
"não a paz, mas a espada".

Com uma oferta
Eu lhe ofereço o silêncio desta noite
e um coração
pronto para se render,
uma vontade pronta para se dobrar
aos seus desejos para mim.

"Não se faça a minha vontade, mas a tua."
Que a sua paz prometida seja minha,
mesmo ao preço de uma guerra no meu coração.

E com uma oração para...

Vigésimo primeiro dia

INÍCIO DO MEU DIA

Como nos transformamos naquilo que amamos,
seremos verdadeiramente pobres
apenas amando a pobreza e os pobres.

"Quem está fraco, sem que eu sinta com ele?",
diz São Paulo.
Ele poderia ter prosseguido:
"Quem é pobre, sem que eu sinta com ele?"
O amor nos iguala a quem amamos.
Assim, se realmente amarmos os pobres,
se entrarmos na sua pobreza,
seremos pobres com eles.

Não podemos amar os pobres
a distância,
mas apenas estando com eles,
visitando-os,
conversando com abertura e franqueza,
estando com eles
na igreja, na rua,
onde a pobreza leve,
onde haja carência.

Fale com todos
partindo da sua própria pobreza,
mas que as suas mãos sejam ricas,
compartilhando livremente o que tiver.

Abençoados sejam os pobres
porque é deles o Reino dos Céus.
Para eles, o Rei dos Reis,
que é Rei dos Pobres,
dirá no dia do julgamento:
"Tive fome
e me destes de comer,
estive nu
e me vestistes.
Tomai posse
do reino preparado para vós
desde a criação do mundo".

DURANTE O DIA

Quem é pobre, sem que eu sinta com ele?

FIM DO MEU DIA

Com gratidão
Agradeço todas as dádivas deste dia.

Eu tive fome
e o Senhor me deu de comer.
Estive nu
e o Senhor me vestiu.
Eu estava sem abrigo
e o Senhor me chamou
para tomar posse do reino preparado para mim
e para todos os pobres, nus e desabrigados.

Com uma oferta
Eu lhe ofereço o silêncio desta noite
e a pobreza da minha alma.
O amor nos iguala àqueles que amamos,
e o Senhor me amou.
O Senhor não ficou a distância.
O Senhor entrou na minha pobreza.
O Senhor me saudou com as mãos cheias.
O Senhor foi aonde a pobreza o levou.
Que eu siga os seus passos.

E com uma oração para...

Vigésimo segundo dia

INÍCIO DO MEU DIA

Uma boa reputação é como um sinal
apontando para uma vida virtuosa e,
embora isso seja bom,
não passa de um sinal.
Ser excessivamente melindroso a respeito disso
é como tornar-se um hipocondríaco
que se ocupa
de tomar remédios a cada sintoma passageiro,
pretendendo preservar a saúde,
mas arruinando-a.

Se você tentar agradar todos,
poderá acabar não sendo amigo de ninguém.
Além disso, poderá ficar melindroso demais.
E quem deseja estar
com pessoas cuja sensibilidade as torna insuportáveis?

Mas o que subjaz a essa hipocondria espiritual
é o que mais importa.

O temor de perder a reputação
pode significar que

você não está confiando
no único alicerce real:
a rocha sólida da verdadeira virtude.

Se, por causa dos seus esforços espirituais,
alguém o chamar de hipócrita, não dê importância.
Se você for rápido para perdoar uma injúria e
alguém o chamar de covarde,
ignore-o.

As opiniões dos outros não importam.
Podem macular o seu nome,
mas a tagarelice tola
e os julgamentos rasos
não são capazes de destruir o que é verdadeiro.

DURANTE O DIA

Confie em quem você é,
não no que "pensam" que você é.

FIM DO MEU DIA

Com gratidão
Agradeço todas as dádivas deste dia,
mas especialmente por ser a rocha

onde posso construir
a vida boa que busco.

Somente a sua opinião importa.

Desejo ser visto com bons olhos
somente pelo Senhor.

Com uma oferta
Eu lhe ofereço o silêncio desta noite,
quando o falatório bobo
e os julgamentos superficiais dos outros
são momentaneamente silenciados
e posso me voltar ao Senhor
com confiança
e segurança.
Seja o meu alicerce
agora e sempre.

E com uma oração para...

Vigésimo terceiro dia

INÍCIO DO MEU DIA

Estamos numa jornada em busca de uma vida mais
abençoada.
Não devemos, ao longo da estrada,
nos irritar com os outros.
Ao contrário, sigamos com os nossos companheiros de
viagem,
nossos irmãos e irmãs,
suavemente, em paz e com amor.
E, não importa o que acontecer no caminho,
mesmo sendo grande a provocação,
não deixe a raiva entrar no seu coração.
Leve com você o conselho de José
ao se despedir dos irmãos:
"Não fiqueis discutindo pelo caminho".

Não deixe a raiva se fixar
no seu coração.
Exclua absolutamente, como Agostinho aconselha,
até o mínimo vestígio dela,
ainda que pareça
justificada e razoável.

Porque, depois de entrar no seu coração,
será difícil extirpá-la.
Um cisco logo vira uma trave.
Ela ficará com você
e, se ignorar o conselho do Apóstolo Paulo,
deixando o sol se pôr sobre a sua ira,
ela se endurecerá em ódio.
Constantemente alimentada por
fantasias e ilusões,
será impossível
que você se liberte dela.

É melhor evitar toda raiva
do que tentar apaziguá-la;
porque, se abrirmos um milímetro para a raiva,
ela crescerá metros.

DURANTE O DIA
Não se irrite no caminho.

FIM DO MEU DIA
Com gratidão
Agradeço todas as dádivas deste dia,
por meus companheiros de viagem,

meus irmãos e irmãs
que, em paz e com amor,
são as dádivas especiais do Senhor para mim.

Com uma oferta
Eu lhe ofereço o silêncio desta noite,
onde não há lugar para a raiva.
Que o sol se ponha suavemente
sobre um coração acalentado pela paz e pelo amor
por meus companheiros de viagem
a caminho
de uma vida abençoada com o Senhor.

E com uma oração para...

Vigésimo quarto dia

INÍCIO DO MEU DIA

Sempre que o seu espírito estiver agitado,
ouça o conselho de Santo Agostinho:

"Apresse-se, como Davi, a clamar:
'Misericórdia de mim, Senhor!'
Que ele erga a mão
para apaziguar a sua raiva
ou o que estiver perturbando você".

Imite os apóstolos
que, quando se viam
em meio a uma tempestade turbulenta,
clamavam a ajuda de Deus.
Ele acalmará a sua raiva
como acalmou o mar,
substituindo-a pela sua paz.

Lembre-se, porém, de orar com calma e suavidade.

Tão logo você esteja ciente
de haver cedido à raiva ou seja o que for,
corrija o seu erro imediatamente

com um ato de bondade
à pessoa a quem magoou.
Se contar uma mentira,
o melhor
é eliminá-la
assim que for possível.

A melhor cura para a raiva
é um ato imediato de gentileza.

Feridas recentes são as mais fáceis de curar.

DURANTE O DIA

Tenha misericórdia de mim, Senhor.

FIM DO MEU DIA

Com gratidão
Agradeço todas as dádivas deste dia,
por reagir à minha raiva
com a sua gentileza,
por responder às minhas mentiras mesquinhas
com a sua verdade,
por curar as minhas feridas
e aqueles que feri.

Com uma oferta
Eu lhe ofereço o silêncio desta noite
e uma alma que vive perturbada.
Tenha misericórdia de mim, Senhor.
Erga a sua mão.
Resgate-me das tempestades
que ameaçam a minha alma
e substitua-as
pela sua paz.

E com uma oração para...

Vigésimo quinto dia

INÍCIO DO MEU DIA

Não é preciso muito
para lembrarmos a nossa fragilidade.

A qualquer momento,
embora as nossas orações sejam elevadas,
embora estejamos convictos da nossa força espiritual,
podemos nos flagrar,
de repente,
no abismo da assustadora realidade,
suplicando humildemente a Deus para nos salvar.

Pense em Pedro.
Lá estava ele
tão certo da própria fé,
a ponto de sair do barco
e caminhar sobre a água.
Mas, quando o vento soprou inesperadamente
e as ondas viraram uma ameaça,
ele logo clamou:
"Senhor, salve-me!"
A resposta de Jesus também foi rápida.
Ele estendeu a mão para Pedro e o segurou,

mas o reprovou:
"Homem de pouca fé,
por que duvidaste?"

Pedro foi diferente de nós?
Não é comum
os ventos da tentação
ou os nossos passos excessivamente confiantes
nos levarem a clamar Deus?

Perdemos o chão
e Deus segura a nossa mão.
"Onde está a sua fé?", Ele pergunta.
"Por que duvida?"

Onde?
Por quê?

DURANTE O DIA

Onde está a minha fé?

FIM DO MEU DIA

Com gratidão

Agradeço todas as dádivas deste dia,

por segurar a minha mão
sempre que a minha fé me abandonou
e perdi o meu chão,
sempre que esqueci
que o Senhor sozinho pode me sustentar.

Agradeço por estar presente
sempre que duvido.

Com uma oferta
Eu lhe ofereço o silêncio desta noite.
Leve os gestos imprudentes e valentes
que faço para impressionar o Senhor
e veja neles um coração
que anseia por amar o Senhor de verdade.
Acreditar no Senhor
é como caminhar sobre a água,
sabendo que o Senhor me sustentará,
sabendo também que, quando o meu coração vacilar,
o Senhor ainda estará presente
para segurar a minha mão.

E com uma oração para...

Vigésimo sexto dia

INÍCIO DO MEU DIA

Quando se trata de ser gentil,
comece consigo mesmo.

Não se chateie
com as próprias imperfeições.
Ficar desapontado com as derrotas
é compreensível,
mas isso não deve se transformar em
amargura ou mágoa contra si mesmo.

É um grande equívoco –
porque não leva a nada –
ficar irritado por estar irritado,
chateado por estar chateado,
decepcionado por estar decepcionado.

Então, não se engane.
Você não pode corrigir um erro,
repetindo-o.
Raiva não é remédio para raiva.
Não passa de uma sementeira
para mais raiva.

E não se engane pensando
que autocrítica é sinal de virtude.
É sinal de vaidade.
Você não é perfeito.

Então, tente tolerar as suas falhas.
Olhe-se com calma, suavidade,
com um arrependimento sensato.
O arrependimento tranquilo e firme
é muito mais eficaz
do que a agitação emocional.
É bem mais profundo
e dura mais.

DURANTE O DIA

Raiva não é remédio para raiva.

FIM DO MEU DIA

Com gratidão
Agradeço todas as dádivas deste dia,
as dádivas da sua gentileza,
a sua paciência
e, sobretudo,
a sua falta de raiva

para com a minha raiva,
a sua falta de desapontamento
para com o meu desapontamento.

Com uma oferta
Eu lhe ofereço o silêncio desta noite,
todas as decepções,
todas as sementes de raiva
que plantei hoje,
que levo até a margem
deste silêncio e solidão.
Leve-as da minha alma
e substitua-as pela sua paz.

E com uma oração para...

Vigésimo sétimo dia

INÍCIO DO MEU DIA

Por que você se surpreende
quando o fraco acaba se revelando fraco
e o frágil se revela frágil?
Quando você se revela pecador?

Quando errar,
seja brando com o seu coração frágil e fraco.

Anime o seu coração com delicadeza,
aceite a sua falha
sem chafurdar na sua fraqueza.
Admita a sua culpa na presença de Deus.
Então, de bom coração,
com coragem e confiança na misericórdia dele,
recomece.

É tentador condenar-se
com palavras ásperas
e sentimentos ainda mais ásperos.
Mas não faz bem
atacar a si mesmo.

Ao contrário, busque reconstruir a sua alma
com calma, sensatez e compaixão.

Converse com o seu coração em termos
compreensivos:
"Levante mais uma vez, meu coração,
confie na misericórdia de Deus
e fique mais forte no futuro.
Não perca a coragem,
Deus o ajudará e guiará".

Ore com o salmista:
"Por que estás abatida, ó minha alma,
e gemes por mim?
Espera em Deus,
pois ainda o louvarei:
'Presença que me salva
e meu Deus!'"

DURANTE O DIA

Anime o seu coração – mas com brandura!

FIM DO MEU DIA

Com gratidão
Agradeço todas as dádivas deste dia,
por animar o meu coração com brandura
quando errei.
Pela dádiva da coragem e confiança
na sua misericórdia,
que me permitiu
recomeçar.

Com uma oferta
Eu lhe ofereço o silêncio desta noite.
Que não haja espaço para a tristeza.
Não é hora de inquietude.
É hora de esperança e louvor,
hora da salvação.
Então, não se entristeça, minha alma.
Louve a Deus
na escuridão e solitude
que Ele lhe deu.

E com uma oração para...

Vigésimo oitavo dia

INÍCIO DO MEU DIA

Deus nos acolhe na sua presença
sempre e em toda parte.
Não precisamos esperar
até o nosso coração estar transbordando de palavras
ou a nossa alma sobrecarregada de carências
para nos apresentar.

Basta estarmos presentes.
Não importa ficar em silêncio.
Afinal,
o motivo principal para entrar na presença de Deus
é simplesmente reconhecê-lo
e lhe oferecer
a honra que merece.

Não precisamos de palavras para tanto.
Apenas precisamos estar presentes,
deixar a nossa presença falar
o que é mais profundo em nossa alma.
Ele é o nosso Deus,
somos as suas criaturas.

A nossa alma se curva diante dele
em honra e louvor,
aguardando a vontade dele para nós.
Pense nos
políticos e outros
que se fazem presentes aos seus líderes
várias vezes,
não para falarem com eles
nem ouvi-los,
mas apenas para serem vistos!

Mas não somos meros oportunistas
nem seguidores bajuladores.
Somos buscadores de Deus
e nos apresentamos diante dele
para demonstrar
o nosso amor e fidelidade,
a nossa alegria muda
simplesmente por estar na sua presença.

DURANTE O DIA

Apenas precisamos estar presentes.

FIM DO MEU DIA

Com gratidão
Agradeço todas as dádivas deste dia,
por me permitir
estar na sua presença,
mesmo calado.

E agradeço
por aceitar
a minha alegria muda
simplesmente por estar na sua presença.

Com uma oferta
Eu lhe ofereço o silêncio desta noite.
Não tenho palavras grandiosas
para lhe oferecer.
Aqui, na escuridão que se insinua,
ainda estou sem palavras.
Tome a minha presença silenciosa,
desperto ou dormindo,
e transforme-a
numa oração
que diga
aquilo que não tenho palavras para expressar.

E com uma oração para...

Vigésimo nono dia

INÍCIO DO MEU DIA

Às vezes, é claro,
quando entramos na presença de Deus,
não ficamos calados.

Estaremos prontos
para falar com Ele
e ouvir o que Ele tem a nos dizer.

Geralmente Ele responderá
em inspirações tranquilas
e no movimento silencioso
do nosso coração.

A voz dele preencherá a nossa alma
com consolo e coragem.

Assim, se estiver pronto para falar com Deus,
fale com palavras de oração.

Louve-o.
Ouça-o.

Mas, ainda que o seu coração esteja repleto
de coisas que deseja falar para Deus,
e a sua voz falhe,
fique onde está
na presença dele.
Ele verá você
e abençoará o seu silêncio.
E talvez Ele estenda a mão
e segure a sua mão,
caminhando com você,
conversando com você,
guiando você brandamente
pelo jardim
do seu amor.

Não importa o que aconteça,
será uma grande graça.

DURANTE O DIA
Fale com Ele. Ouça-o.

FIM DO MEU DIA
Com gratidão
Agradeço todas as dádivas deste dia,
todos os momentos deste dia

quando o Senhor me conduziu pela mão,
caminhou comigo,
conversou comigo
e me guiou brandamente
pelo jardim
do seu amor.

Com uma oferta
Eu lhe ofereço o silêncio desta noite.
Tome as palavras que tenho,
a mínima coragem
que o meu coração é capaz de reunir
e cresça sobre elas.
Sobretudo aceite e abençoe
a minha disposição para ouvir o Senhor
quando fala
com uma inspiração silenciosa
que entra no silêncio
desta noite.

E com uma oração para...

Trigésimo dia

INÍCIO DO MEU DIA

Há três coisas sobre viver em paz
que você nunca deve esquecer.

Paz não significa
viver sem dor.
Você perde a paz
não quando está com problemas,
mas quando deixa
de estar ligado a Deus
e não cumpre os seus deveres.

Você deve esperar a dor
e não se perturbar com ela.
Os nossos modos padronizados de agir
não são fáceis de abandonar.
Eles cedem à "nova pessoa" em Deus
com muita relutância.
Não se perturbe.
Você não perdeu a graça de Deus.
Deus jamais é
a fonte da nossa ansiedade.

Se a ansiedade é a inimiga da paz,
não pode vir de Deus.
É uma inimiga do espírito.
Trate a ansiedade como a tentação que é.
Combata-a.
Mande-a embora.

Seja lá o que você precise fazer,
talvez
defender-se contra as tentações
ou acolher a alegria,
faça-o em paz,
sem ansiedade.

Não é possível preservar a paz, perdendo-a.

DURANTE O DIA

Deus jamais é a fonte da nossa ansiedade.

FIM DO MEU DIA

Com gratidão
Agradeço todas as dádivas deste dia,
por estar presente para mim
quando a dúvida me assolou

e ameaçou substituir
a minha confiança no Senhor
por ansiedade.
Com a força do Senhor,
posso mandá-la embora
por ser a tentação que é.

Com uma oferta
Eu lhe ofereço o silêncio desta noite.
Deixe-me oferecê-lo ao Senhor
em paz,
sem ansiedade.
Eu lhe ofereço tudo o que fiz hoje,
não importa se foi
defender-me contra as tentações
ou acolher a alegria.
Aos seus olhos, tudo é igual.

E com uma oração para...

Palavra final

Este livro foi criado para ser nada além de um portal – um portal para a sabedoria espiritual de um mestre específico e um portal que se abra para o seu próprio caminho espiritual.

Talvez você decida que Francisco de Sales é alguém cuja experiência com Deus você deseja seguir em maior proximidade e profundidade. Nesse caso, leia mais sobre ele. A sua *Introduction to the Devout Life*, na qual grande parte deste livro baseou-se, é a mais disponível. Você também pode ler *Treatise on the Love of God*. Mas, por vários motivos, as suas obras mais acessíveis e de fácil leitura são as suas cartas. Há várias edições, cada uma oferecendo uma coletânea diferente.

Por outro lado, talvez você decida que a experiência e os ensinamentos dele não o ajudaram. Há muitos outros mestres. Em algum lugar está o mestre certo para a sua jornada espiritual especial e absolutamente única. Você *encontrará* o seu mestre, você *descobrirá* o seu caminho.

Não estaríamos buscando, como nos recorda Santo Agostinho, se já não tivéssemos encontrado.

Mais uma coisa a dizer: a espiritualidade não deve ser uma concentração em si mesmo, como um relacionamento entre você e Deus dentro de um casulo. A longo prazo, para ter significado, para crescer e não fenecer, deve ser uma fonte de convívio compassivo. Deve alcançar os outros, assim como Deus nos alcançou.

A verdadeira espiritualidade derruba os muros da nossa alma e deixa não somente o paraíso entrar, mas o mundo inteiro.

CULTURAL

Administração – Antropologia – Biografias
Comunicação – Dinâmicas e Jogos
Ecologia e Meio Ambiente – Educação e Pedagogia
Filosofia – História – Letras e Literatura
Obras de referência – Política – Psicologia
Saúde e Nutrição – Serviço Social e Trabalho
Sociologia

CATEQUÉTICO PASTORAL

Catequese – Pastoral
Ensino religioso

REVISTAS

Concilium – Estudos Bíblicos
Grande Sinal
REB – SEDOC

TEOLÓGICO ESPIRITUAL

Biografias – Devocionários – Espiritualidade e Mística
Espiritualidade Mariana – Franciscanismo
Autoconhecimento – Liturgia – Obras de referência
Sagrada Escritura e Livros Apócrifos – Teologia

PRODUTOS SAZONAIS

Folhinha do Sagrado Coração de Jesus
Calendário de mesa do Sagrado Coração de Jesus
Agenda do Sagrado Coração de Jesus
Almanaque Santo Antônio – Agendinha
Diário Vozes – Meditações para o dia a dia
Encontro diário com Deus – Guia Litúrgico

VOZES NOBILIS

Uma linha editorial especial, com importantes autores, alto valor agregado e qualidade superior.

VOZES DE BOLSO

Obras clássicas de Ciências Humanas em formato de bolso.

CADASTRE-SE
www.vozes.com.br

EDITORA VOZES LTDA.
Rua Frei Luís, 100 – Centro – Cep 25689-900 – Petrópolis, RJ
Tel.: (24) 2233-9000 – Fax: (24) 2231-4676 – E-mail: vendas@vozes.com.br

UNIDADES NO BRASIL: Belo Horizonte, MG – Brasília, DF – Campinas, SP – Cuiabá, MT
Curitiba, PR – Florianópolis, SC – Fortaleza, CE – Goiânia, GO – Juiz de Fora, MG
Manaus, AM – Petrópolis, RJ – Porto Alegre, RS – Recife, PE – Rio de Janeiro, RJ
Salvador, BA – São Paulo, SP